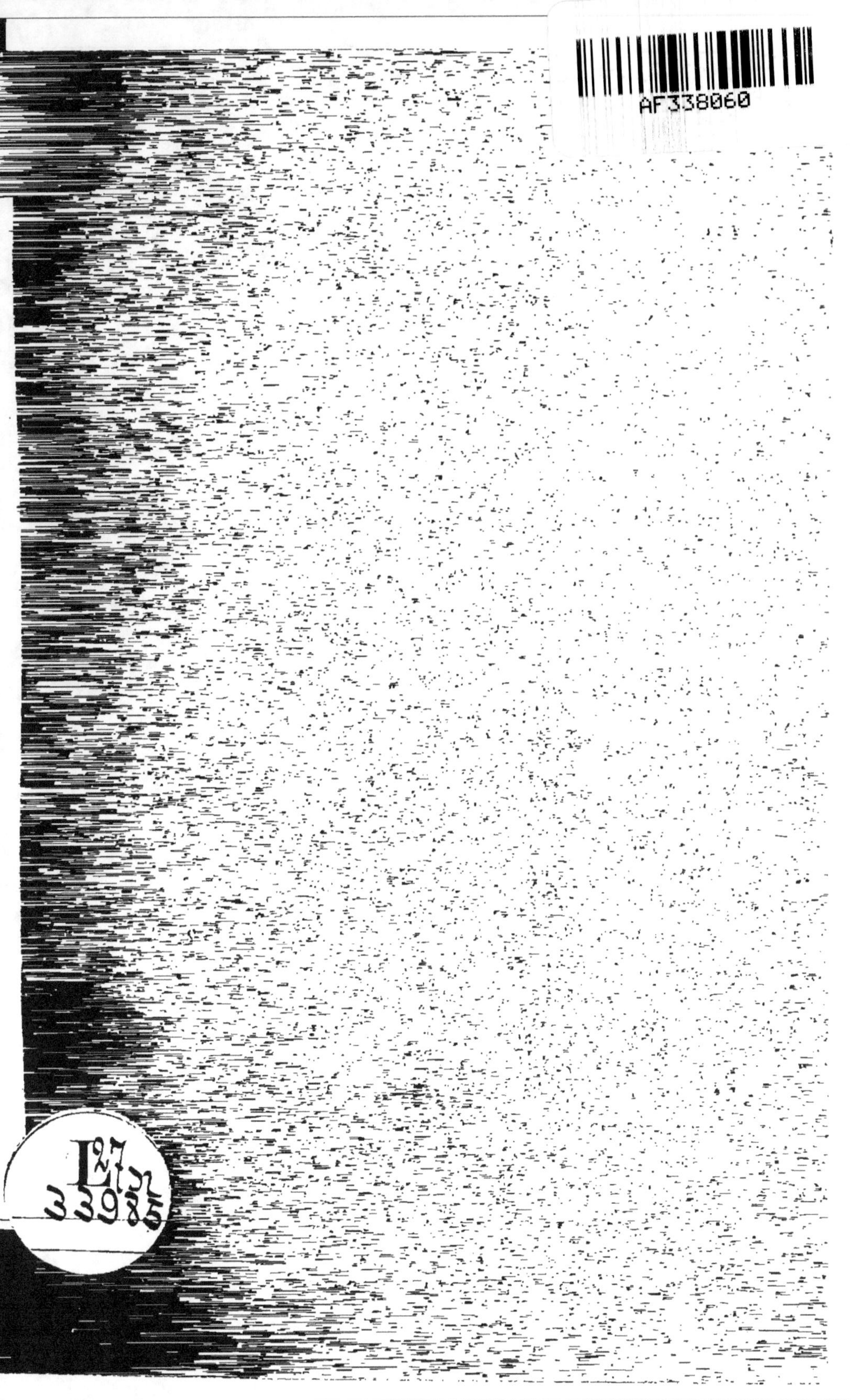

LE GÉNÉRAL

MARGUERITTE

TUÉ A SEDAN

NOTICE

Par JEAN DE RISTE

DEUXIÈME ÉDITION

DÉPOT
A L'IMPRIMERIE SAINT-EPVRE
NANCY

1883

LE GÉNÉRAL DE DIVISION

MARGUERITTE

Un jour un général inspecteur, surpris de la remarquable aptitude du général Margueritte à traiter toute question d'histoire, de science, et de littérature, lui demanda à quelle école il avait fait ses études : *Mon général,* répondit Margueritte, *je n'ai jamais été à l'école.*

Ainsi Margueritte n'a jamais été à l'école, néanmoins il est parvenu aux plus hauts grades de l'armée, grades que n'atteignent pas toujours les hommes qui ont eu le loisir et la fortune nécessaires pour fréquenter toutes nos écoles du gouvernement.

Margueritte n'a jamais été à l'école, néanmoins il nous a laissé un livre intitulé : *Les chasses de l'Algérie,* où il se montre écrivain distingué et charmant.

Margueritte n'a jamais été à l'école, et cependant il a trouvé le secret d'exciter chez tous ceux qui l'ont connu, même chez les Arabes, une admiration telle, qu'en ce moment ils s'empressent avec une générosité touchante de souscrire pour une statue qui va lui être élevée dans son village natal.

Il ne peut être que fort intéressant et très utile de chercher comment *Jean-Auguste Margueritte* a mérité tant de gloire et de sympathie.

I

L'ENFANT DE TROUPE

C'est la Lorraine, le pays de Jeanne d'Arc, de François de Guise, de Chevert, du maréchal Oudinot, du général Drouot, de Duroc et d'une foule d'officiers distingués par leur bravoure et leurs talents militaires, qui a vu naître le général Margueritte.

Ses parents étaient tous deux Lorrains. Ils habitaient Manheulles, gros village de la Meuse, à quinze kilomètres de Verdun, sur la route de Mars-la-Tour. Sa mère, Marie-Anne Valet, était fille d'un capitaine d'artillerie. Son père, Antoine Margueritte, appartenait à une famille de pauvres laboureurs, dont quelques membres existent encore répandus dans les villages de la Woëvre.

Auguste Margueritte naquit le 15 janvier 1823. A l'âge de six ans, en 1829, il fut emmené par ses parents à Arras, où son père allait tenir garnison au 1er régiment de carabiniers, dans lequel il venait de contracter un engagement qui ne dura que deux ans. En 1831, son père entra dans la gendarmerie et fut envoyé en Afrique, où notre héros a passé presque toute sa vie.

Dès l'âge de six ans, Auguste Margueritte est donc soldat, puisqu'il est enfant de troupe, et *enfant de troupe d'Afrique* ; ce qui lui vaut une première éducation étrange et tout à fait insolite.

En 1832, on était au début de la conquête de l'Algérie. Les Arabes étaient en agitation incessante, et l'administration française était d'autant plus imparfaite, que le gouvernement se demandait avec indécision s'il devait définivement coloniser ce pays. D'où, des alertes fréquentes, des périls constants, des souffrances continues, surtout pour la gendarmerie, qui devait toujours avoir le fusil au poing et le sabre levé.

Auguste Margueritte souffrit beaucoup de cette pénible situation, du moins quant à son

instruction primaire. Son père, devenu brigadier de gendarmerie, lui apprit tout ce qu'il
savait, c'est-à-dire à lire et à écrire. Ce fut là
toutes les études régulières du général Margueritte.

En revanche, il acquit, au grand espace du
désert et par des exercices continus, une force
corporelle et une adresse qui firent l'admiration des Arabes eux-mêmes.

Quand il avait un moment libre, il allait
jouer avec les petits enfants arabes, ses voi-
sins, qui lui apprirent les premiers éléments
de leur langue, dont il approfondit plus tard
le génie, au point de la parler et de l'écrire
plus sûrement que le plus lettré des indigènes.

C'est là aussi qu'il commença à acquérir
cette connaissance si approfondie des mœurs
et des habitudes arabes, qui lui fut si
utile dans la suite et lui donna une physionomie et une place à part parmi tous ceux qui
exercèrent en Algérie des fonctions d'administration ou de commandement. A douze ans,
il remplissait, à la gendarmerie de Kouba, les
fonctions d'interprète, aidant souvent à décou-
vrir les coupables, qu'il allait lui-même chercher et indiquer.

On raconte dans ce pays des faits nombreux
qui prouvent son intelligence précoce, sa

volonté et son intrépidité. Un jour, une jeune fille arrive chez son père toute couverte de sang, et raconte qu'égarée dans le pays et ne reconnaissant pas son chemin, elle avait prié une vieille femme arabe de le lui indiquer.

Celle-ci l'avait emmenée, jusqu'à son gourbi et l'avait confiée à un jeune Arabe, son fils, qui l'avait conduite dans un endroit obscur et s'était brusquement jeté sur elle, en essayant de la frapper de son couteau. Heureusement pour elle que forte et courageuse, elle avait pu le renverser, lui arracher son couteau et s'enfuir. L'officier de gendarmerie auquel elle raconta le fait, hésitait à se lancer le soir à la poursuite du malfaiteur, et allait remettre au lendemain cette recherche, craignant de se trouver la nuit au milieu d'Arabes mal intentionnés. Le jeune Margueritte, qui se trouvait là, dit qu'il faut agir de suite, pour ne pas donner au coupable le temps de s'échapper ; et, sans attendre de réponse, il part avec deux gendarmes. Grâce à la connaissance qu'il avait du pays, et à l'adresse qu'il déploya dans les informations, il réussit à trouver le malfaiteur et à l'amener au camp (1).

----

(1) *Le général Margueritte*, Biographie par le général Philebert.

Plusieurs traits de ce genre lui donnèrent un grand ascendant sur les Arabes, et le rendirent précieux aux officiers français. C'est alors que naquit en lui une passion énergique, celle de la chasse. Le jour, il s'éloignait du camp pour courir après tous les animaux sauvages; la nuit, il allait à l'affût, au grand désespoir de sa mère qui, dans ce pays plein de dangers, était saisie de terreur chaque fois qu'elle le perdait de vue. Cette vie agitée en fit ce cavalier infatigable, cet incomparable tireur qui étonnait par ses prouesses les Arabes eux-mêmes, et le rendit capable de se tirer plus tard, avec honneur, de situations difficiles.

Gendarme à quinze ans. — Auguste Margueritte avait quinze ans. quand son père, nommé maréchal-des-logis de gendarmerie, reçut l'ordre de se rendre à Oran. Ne voulant plus être à la charge de ses parents, Auguste résolut de s'engager ; et comme son âge ne lui permettait pas d'entrer dans un corps de troupes régulières, il fut accepté et engagé au titre d'interprète dans l'escadron des gendarmes maures, sorte de troupes indigènes qui ne comptaient pas dans l'armée française.

Le 1er janvier 1840, après deux ans de services, Auguste Margueritte fut nommé brigadier.

Au mois d'avril de la même année, il fut cité à l'ordre du jour, après une part énergique qu'il avait prise au combat d'El-Affroun. Désormais, et surtout lorsqu'il sera parvenu aux plus hauts grades de l'armée, Auguste Margueritte ne paraîtra sur aucun champ de bataille sans mériter chaque fois cet honneur si justement envié par tous les soldats.

La même année, le 20 novembre, le maréchal Vallée signa sa nomination de *sous-lieutenant* des gendarmes maures. Il avait *dix-sept ans*. C'était la juste et précieuse récompense de services nombreux et signalés. Néanmoins cette nomination, obtenue avec tant de peine, était loin de lui assurer une carrière ; car ce grade de sous-lieutenant dans le corps indigène des gendarmes maures, était presque illusoire, puisqu'il ne comptait pas dans l'armée française. Aussi Auguste Margueritte va-t-il être soumis, à cause de cela, à une grosse épreuve.

Dans le cours du mois de juillet 1842, dit le général Philebert, un décret du gouverneur général licencia les deux escadrons de gendarmes maures, malgré les services rendus et la gloire acquise. Le gouvernement, par le même décret, créait les régiments de spahis. Le gouverneur s'efforça naturellement de faire

entrer dans ces nouveaux régiments, les soldats et officiers des gendarmes maures pour
en former le noyau. Pour les simples gendarmes, c'était chose simple. Ils trouvaient aux
spahis à peu près les mêmes avantages qu'ils
quittaient. Mais il n'en était pas de même pour
les officiers, qui n'avaient pas de rang légal
dans l'armée et ne tenaient leurs positions que
de décrets du gouverneur général, et à titre
provisoire. Ils ne pouvaient entrer aux spahis
qu'au titre indigène, et l'organisation des spahis limitait l'avancement des officiers servant
au titre indigène au grade de lieutenant,
les subordonnant en toute occasion aux officiers français du même grade. Ils ne pouvaient
devenir capitaines.

Un officier de la valeur de Margueritte ne
pouvait consentir à accepter une position aussi
fausse, qui le confinait à tout jamais dans
un grade inférieur. Il prit donc l'énergique et
courageuse résolution, lui sous-lieutenant, de
déposer l'épaulette et d'aller s'engager comme
simple soldat, au 2ᵉ chasseurs d'Afrique, à
Toulon. Il savait, mieux que personne, combien
le métier est dur pour qui a été officier. Rien
ne le fit reculer. L'avenir prouva qu'il avait
raison. Sa réputation déjà faite dans la division d'Alger, ses quatre citations à l'ordre du

jour, l'abnégation avec laquelle il était rede-
venu simple soldat, attirèrent l'attention de ses
chefs militaires, qui s'empressèrent de faciliter son avancement. Un mois après son engagement, il passait comme brigadier aux spahis ; et le 1er septembre de la même année,
il était envoyé, comme maréchal-des-logis et
chef des affaires arabes, à Milianah. Sa vie
d'enfant de troupe se termine ici, après s'être
passée brillamment et d'une façon déjà fort
utile pour son pays.

Il nous faut maintenant suivre avec un joyeux
intérêt le vrai soldat français, sous-officier
dévoué et officier intelligent en Afrique, colonel expérimenté au Mexique, général héroïque
en France dans la guerre de 1870, dont il sera
une des plus chères victimes.

II

LE CHEF DES BUREAUX ARABES
ET LE COMMANDANT DE CERCLE

Le maréchal Bugeaud, en envoyant Margueritte à Milianah comme chef des affaires arabes, y mettait plus qu'un interprète ; il y envoyait un homme capable d'agir, de créer, d'organiser, et de mettre ses projets en action.

La croix d'honneur à vingt ans. — A Milianah, Margueritte était le second du lieutenant-colonel Saint-Arnaud. A ce moment, en Algérie, les expéditions se succédaient sans relâche. Le 25 décembre 1832, le gouverneur lui-même vint à Milianah préparer une grande expédition contre l'Ouarsenir. C'est de là que devaient partir les immenses convois nécessaires à l'existence des troupes. Naturellement, l'organisation des convois, la réunion des bêtes de somme que les tribus devaient fournir, et qui servaient au transport, échut à Margueritte. Il acquit alors une telle expérience de cette importante partie du métier militaire, que plus tard personne ne l'égalera dans ce travail. Sous sa direction, jamais on ne manquait de rien, et on était toujours pourvu de tout ce qu'il était possible d'avoir dans ces pays sans ressources. Margueritte n'a pas vingt ans, et il rend partout des services signalés, par sa puissance de travail et sa connaissance profonde des gens et des choses.

En février 1844, le colonel Saint-Arnaud avait dû se porter contre les Béni-Ferah, pour les punir de s'être révoltés. Un jour, à la suite d'un combat qui dura jusqu'à la nuit, sa colonne fut assaillie par une tempête épouvantable de grêle et de tonnerre, que suivit une chute de neige des plus abondantes. Tous les sentiers avaient disparu ; et la colonne, n'ayant plus que peu de vivres, se trouva dans une position critique. Il fallait partir, sous peine de mourir de froid et de faim ; mais aucun guide ne se chargeait de pouvoir retrouver le chemin. Comment franchir, avec la neige qui les avait complètement effacés, des sentiers de chèvre à peine tracés, qu'on avait eu tant de difficulté à suivre lorsqu'ils étaient éclairés par un beau soleil ?

Il fallait cependant le tenter. Margueritte, avec quelques Arabes dévoués et vigoureux, se mit en tête de la colonne. A pied, et à force de courage, de vigueur et de volonté, tombant au moindre écart, et quelquefois enseveli dans la neige, il fraya le chemin et parvint à conduire les troupes dans un village, d'où elles purent regagner leur campement avec les plus grands efforts, en se défendant contre les Kabyles acharnés. Le maréchal-des-logis Margueritte les avait sauvées.

Sa vie de soldat était donc bien remplie, et la haute récompense qu'il reçut alors dans la croix de la Légion d'honneur lui était bien due. Chevalier de la Légion d'honneur à vingt ans ! Peu d'officiers ont eu cette gloire ? et quel soldat ne l'envierait ?

Le jeune officier. — Margueritte devint, le 24 février 1844, chef du bureau arabe de Teniet-el-Had, situé à dix-huit lieues au sud de Milianah. Il se mit avec quelques amis arabes, qu'il s'était attachés, à parcourir le cercle dans tous les sens. Chassant, réglant les affaires, et faisant régner partout l'ordre et la justice. Aussi, le cercle de Teniet-el-Had devint-il, en peu de temps, prospère et à l'abri des insurrections. Ces succès, l'intelligence qu'il déployait et les services rendus eurent leur récompense. Le maréchal Bugeaud obtint pour lui, le 23 juin 1844, le grade de sous-lieutenant, qu'il avait déjà eu et auquel, deux ans auparavant, il avait eu le courage de renoncer pour devenir simple soldat.

Il avait vingt et un ans. C'était un beau succès; car, malgré le retard subi, il se voyait officier à un âge auquel le sont à peine ceux qui par leur situation de famille ont pu, au moyen de fortes et coûteuses études, acquérir le savoir nécessaire pour profiter des avantages que les écoles militaires seules peuvent donner. Ces avantages, Margueritte les devait à son courage, à sa bonne conduite, à son travail assidu et à son énergique volonté.

En qualité de sous-lieutenant, Margueritte prit part comme il savait le faire, bravement et avec une ardeur indomptable, à une foule d'expéditions et de combats, après lesquels il trouvait encore le temps de goûter son plaisir favori de la chasse, comme le prouve ce charmant épisode qu'il nous raconte lui-même dans ses *Chasses de l'Algérie*.

« En 1845, chef du bureau arabe de Teniet 'el-Had, je ralliai la colonne du maréchal Bugeaud opérant sur la lisière du Tell. J'avais été chargé par le maréchal de déterminer une ligne d'étapes. Une de ces étapes était justement à El-Goradia, où se trouvaient en abondance l'eau et le bois nécessaires au séjour d'une grosse colonne. »

« J'avais ménagé au maréchal la surprise du gibier ; je savais que, chasseur émérite et excellent tireur, il n'y serait pas indifférent. Lorsque je lui eus indiqué l'emplacement du camp, sur un plateau sec et aéré, où il devait séjourner deux ou trois jours pour attendre un convoi, je lui fis remarquer la grande quantité de canards qui voltigeaient autour de nous. — Je vais établir le camp, me dit-il, et nous irons leur faire la guerre ; vous me guiderez, puisque vous connaissez le marais. — Je lui répondis affirmativement, tout en lui faisant observer qu'il faudrait nous mettre à l'eau jusqu'au ventre. — Qu'à cela ne tienne, pourvu que nous approchions les canards. *Allez, blanc-bec !* ajouta-t-il en souriant : *Ne croyez pas m'effrayer avec votre eau.* »

« Effectivement, une heure après, nous pataugions en plein marais. Jamais l'excellent maréchal n'avait été si heureux. Il s'était, malgré une température assez froide, mis carrément à l'eau avec un pantalon et des souliers de troupier ; il marchait et fusillait avec une ardeur juvénile. Chaque coup abattait une pièce, quelquefois plusieurs, quand il tirait dans les bandes de sarcelles et de côls verts. Deux heures après, nous étions à bout de munitions et avions notre charge de canards. Quand nous revînmes au bivouac du maréchal, nous fûmes entourés par tout l'état-major. Le maréchal appelait les retardataires : *Eymard, Pélissier, Trochu, venez donc voir notre récolte. Regardez-moi cela, ce sont de véritables canards en caisse, des pelotes de graisse.* Et il plumait un peu sur le dos de la bête, pour prouver la vérité de son assertion. *J'espère, chef, que vous allez en tirer bon parti. C'est le cas d'inviter nos colonels. Quelle bonne idée a eue Margueritte de nous amener ici ! C'est un double ravitaillement que nous allons y faire. »*

« Et, en effet, les officiers eurent la permission de chasser. Le lendemain soir, toutes les broches étaient garnies de canards. Fameux bivouac, qui fut baptisé par le maréchal lui-même sous le nom de *Canardville*, qu'il porte toujours. »

Quelques jours après cette charmante halte,

Margueritte exécuta un de ses plus beaux coups de main. Pendant un combat soutenu vigoureusement, le goum, c'est-à-dire le contingent militaire de la tribu des Ouled-Aïd, se trouva bouleversé par une attaque subite et impétueuse de l'ennemi. Margueritte était à la tête de ce goum. Tout à coup il voit le drapeau enlevé par un cavalier ennemi. Les Français qui devaient soutenir le goum étaient encore loin, et le moment devenait critique ; notre sous-lieutenant n'hésite plus ; il appelle à lui ses braves cavaliers, et se précipite au milieu des Arabes, tue de sa main celui qui avait enlevé le drapeau, et le lui reprend vivement. Le maréchal Bugeaud, qui de loin examinait le combat avec sa lunette, fut témoin de cette vigoureuse action ; et le soir, il en félicita l'auteur, en lui serrant amicalement la main.

Margueritte reçut sa première blessure, au combat du 17 février 1845, dans les Ouled-Bessam. Il se servait, dans ce combat, d'une courte carabine à deux coups, et il ajustait un des révoltés, lorsqu'une balle venant frapper le chien de sa carabine s'y partagea en morceaux, dont un l'atteignit à la main. Sa blessure fut légère, et ses gens ne s'en aperçurent qu'après la bataille.

Toutes ces expéditions heureuses et tous ces actes de courage lui valurent le grade de lieutenant, le 30 janvier 1846, au 2e régiment de spahis. Il semble qu'en montant en grade, Margueritte augmentât aussi en audace et en courage militaire. Au commencement de l'année 1847, Bou-Maza, le lieutenant d'Abd-el-Kader, ayant appris que Margueritte avec quelques cavaliers, était à chasser dans le Sersou, il résolut de le surprendre et de l'enlever, espérant par ce coup faire une impression profonde sur les populations et les entraîner à la révolte. Il se dirigea donc vers le point où il pensait le rencontrer. Un des cavaliers qui accompagnaient Margueritte, apercevant ce goum, courut aussitôt vers le jeune lieutenant et lui cria : *Voici Bou-Maza ; sauvonsnous ! — Comment ! nous sauver !* dit Margueritte ; *au contraire, nous allons prendre Bou-Maza.* Il distribua aussitôt des cartouches à ses gens et leur dit : *N'ayez aucune crainte ; ce n'est pas une affaire, vous allez voir.* Et à leur tête, il se précipite sur l'ennemi. Excellent cavalier et tireur sans pareil, ses deux premiers coups de fusil, tirés de près, abattent deux ennemis. Les Arabes, épouvantés, se débandent ; et Bou-Maza, abandonné par ses hommes, est lui-même obligé de tourner

bride. Margueritte s'acharne à sa poursuite, et
ne s'arrête que quand son cheval est à bout
de forces et de souffle. De ce jour, le prestige
de Bou-Maza était détruit. Quelques jours
après, il faisait sa soumission au colonel de
Saint-Arnaud.

En 1847, le héros du peuple arabe, Abd-el-
Kader, se rendit à son tour au général Lamo-
ricière ; ce qui amena pour l'Algérie une longue
période de paix, pendant laquelle Margueritte
reprit ses habitudes de chasse, de courses
dans les cercles et de travaux de toutes sortes ;
travaux qui se multiplièrent surtout d'une
façon étonnante, quand Margueritte, nommé
capitaine, devint le commandant supérieur du
Cercle. Nous ne pouvons mieux faire ici con-
naître l'officier qu'en résumant les notes qu'il
a obtenues de ses chefs qui, tous, étaient des
connaisseurs, puisqu'ils s'appellent Daumas,
Charon, Blanchini, Bugeaud, Saint-Arnaud,
Pélissier, etc.

« Le chef du bureau arabe a toutes les qualités requises pour l'emploi dont il est chargé ;
il possède toutes les qualités nécessaires pour
la conduite d'une opération qui exige de la
valeur et de la prévoyance... C'est un officier
vigoureux, doué d'un courage à toute épreuve,
et qui est destiné à rendre d'immenses services

en Algérie... C'est un officier de grand avenir.
Il y a intérêt à le pousser rapidement... D'une
bravoure hors ligne, d'une intelligence très
développée, il est aussi énérgique à la guerre
que laborieux au bureau... Qu'on place
M. Margueritte dans la position la plus difficile: je suis certain qu'il s'en tirera avec dis-
tinction. »

Au mois de mars 1855, dit le général Philebert, le gouverneur maréchal Randon choisit
le capitaine Margueritte pour commander le
cercle de El Agouath. A ce moment, le sud de
l'Algérie paraissait pacifié, et le maréchal
Randon pensait que le moment était venu de se
servir du prestige que nous avions dans ces
parages lointains, pour essayer d'y créer un
puissant et riche établissement, dont l'influence
se fit sentir dans le Soudan. Son esprit rêvait
pour la colonie une ère de prospérité par le
commerce et l'agriculture. Il lui fallait, pour
réaliser ce projet, un homme d'une volonté
tenace qu'aucune difficulté ne pût rebuter, d'un
esprit chercheur, capable de concevoir des
plans audacieux et de faire sortir de terre les
moyens de les réaliser ; un homme enfin dont
le prestige personnel et le renom parmi les indigènes fût un moyen de les rattacher à nous.
Qui pouvait mieux convenir à ce rôle que

Margueritte, cet infatigable cavalier, suivant dans leurs chasses fantastiques ces enfants du désert, capable de les vaincre eux-mêmes dans leur pays de la soif ? Margueritte avait en plus le génie de la construction; il exécutait les plans des ingénieurs, et trouvait l'argent nécessaire pour les réaliser. Il était enfin un policier redoutable pour le Bédouin pillard, voleur et insoumis, qu'il suivait de l'œil partout, à quelque distance qu'il s'éloignât dans les profondeurs immenses du désert, et l'y châtiait.

Le programme à suivre lui fut donné par le maréchal Randon lui-même.

1º Créer les moyens d'atteindre au loin et vite les dissidents. Compléter la soumission du pays.

2º Faire de El Algouath une grande et belle ville, qui fût pour l'imagination des Sahariens une preuve de notre puissance, un grand centre politique et commercial.

3º Développer la culture, fixer l'indigène au sol, rendre les ksours prospères et riches.

4º Développer le commerce de laines et, par suite, améliorer la race ovine.

5º Nouer des relations avec l'extrême sud de l'Algérie.

Cet important et difficile programme fut

réalisé par le capitaine Margueritte au-delà de toute espérance; et le maréchal Randon, juste appréciateur de son mérite, obtint pour lui une précieuse récompense. Le 4 juillet 1855, il lui écrivit, à l'occasion de sa nomination de chef d'escadrons :

« J'ai lu avec le plus vif intérêt le rapport du général Gastu à la suite de la tournée qu'il vient de faire dans le sud. Il rend une complète justice à tout ce que vous avez tenté et exécuté de bien et d'éminemment utile pour les populations du Cercle. Je désire que, pendant le congé si bien mérité que vous venez d'obtenir, vous trouviez la croix d'officier de la Légion d'honneur, que je demande au ministre pour vous récompenser de vos bons services. »

Au mois de janvier 1860, Margueritte demanda à rentrer à son corps, qui était en garnison à Blidah. Il désirait d'autant plus quitter cette vie errante et tourmentée de commandant du cercle, qu'il avait épousé Mlle Mallarmé, fille de l'intendant militaire de la division d'Alger, et qu'il venait d'en avoir un fils.

A Blidah, le commandant Margueritte se donna tout entier à ses nouvelles fonctions. Il étudia avec passion les règlements et les théories des manœuvres de cavalerie, que dans sa vie si occupée il n'avait eu ni occasion, ni possibilité d'appliquer d'une manière suivie.

Après une mission habilement exécutée auprès des Arabes du Sud, Margueritte fut nommé lieutenant-colonel du 12e régiment de chasseurs, qui rentra en France pour tenir garnison à Carcassonne. C'est de cette ville que Margueritte partira, en 1862, pour la malheureuse guerre du Mexique, avec les 5e et 6e escadrons de son régiment.

III

L'OFFICIER SUPÉRIEUR

La longue expérience de nos guerres d'Afrique désignait Margueritte au choix du ministre pour guider nos escadrons sur un théâtre d'opération offrant beaucoup d'analogie avec celui de notre colonie africaine. Ici, nous allons avoir la bonne fortune d'entendre Margueritte lui-même raconter ses exploits, dans sa correspondance avec sa femme.

Dans toutes ses lettres, l'officier supérieur laisse percer la mauvaise impression que lui fait cette expédition du Mexique. *Mes impressions sur le Mexique et les Mexicains*, dit-il en variant les termes, *sont loin d'être favorables et couleur de rose*. Il voudrait marcher vite, combattre vivement, afin d'être délivré bientôt de cet affreux pays.

Le 3 novembre 1862, il rencontre pour la première fois l'ennemi, à Pan-del-Rio. Voici comment il nous donne le récit de cette petite affaire : « Je marchais à l'avant-garde avec mes chasseurs, quand, après une halte vers deux heures de l'après-midi, au moment où je faisais monter mes hommes à cheval, une trentaine de cavaliers mexicains à notre solde et qui étaient en éclaireurs, revinrent au galop, poursuivis par de la cavalerie ennemie. Cette cavalerie ennemie se composait de 200 lanciers rouges volontaires, les meilleurs, à ce qu'il paraît, du pays. Ces drôles de *Lanceros*, comme on les appelle, étaient si acharnés à la poursuite, qu'ils ne s'aperçurent pas assez tôt de notre proximité ; ce qui leur occasionna le désagrément de nous voir tomber sur eux à bras raccourcis. Cela commença par une mêlée dans laquelle ils virent que nous avions des sabres. L'action dégénéra bientôt en une retraite précipitée qui dura neuf bons kilomètres. Ils étaient 200 au début ; et quand j'ai dû m'arrêter, pour cause de fatigue de nos pauvres chevaux, les lanceros n'étaient plus que 50 ; le reste était tué, ou culbuté sur la route et dans les fossés.

« J'avais le soir à mon campement, pour trophée, 35 lances, 30 sabres, 40 chevaux, 50 mousquetons, qui m'avaient été apportés par l'infanterie. J'ai moi-même attrappé une balle dans ma botte gauche. Cette bonne botte était si forte qu'après l'avoir percée, la balle s'est arrêtée sur la peau, sans me faire autre chose qu'une légère contusion. »

Le général Berthier disait, le lendemain : « Le général commandant de la colonne est heureux de pouvoir témoigner par la voie de l'ordre sa satisfaction à tous les officiers, sous-officiers et cavaliers du 6e escadron du 12e chasseurs, et particulièrement à son chéf, M. le lieutenant-colonel Margueritte, pour la vigueur qu'ils ont tous déployée dans le combat du 3 novembre, à Pan-del-Rio. »

C'est la sixième citation à l'ordre du jour de Margueritte.

Eloge impossible. — Pendant que se poursuivaient les travaux du siège de Puebla, on apprit un jour que les Mexicains allaient tenter un effort pour introduire un grand convoi dans la place. Le général en chef Forey résolut de surprendre ce convoi par une marche de nuit, et confia le commandement de cette opération au général Bazaine, qui avait sous ses ordres le lieutenant-colonel Margueritte, lequel raconte ainsi lui-même cette belle opération :

« Le 8 mai, à une heure et demie du matin, nous sommes partis sans tambours ni trompettes, et nous nous sommes dirigés par un mouvement tournant bien étudié sur San-Lorenzo, d'où la veille on nous avait tiré des coups de canon. A 5 heures du matin, nous arrivions en face du village. Les avant-postes ennemis ne nous ayant reconnus que lorsque nous n'étions plus qu'à deux kilomètres, nous avons surpris les Mexicains, qui ne s'attendaient pas à un pareil réveil. En nous voyant, ils ont mis de suite leurs pièces en batterie, ont formé leurs troupes et les premiers ouvert le feu sur nous. Ils avaient huit pièces de canon, dont six de 12 rayés et deux gros obusiers. Ils nous ont envoyé toute la mitraille et les obus qu'ils ont pu ; sous ce feu, auquel s'est bientôt joint celui de leur infanterie, nous avons tous marché avec élan et aplomb. A 250 mètres du village, on a battu la charge ; alors nous avons enlevé canons, Mexicains, village, tout enfin, en quelques minutes. C'est une jolie petite bataille, très bien menée et parfaitement réussie, dans laquelle chaque arme a rivalisé d'entrain et d'action. »

Ce brillant combat fit l'objet de l'ordre général nº 145, daté de Puebla et qui est ainsi conçu : « Au nombre des militaires qui se sont signalés à cet important combat du 8 mai, se distingue le lieutenant-colonel Margueritte, *dont on ne sait plus en quels termes faire l'éloge.* »

Après la prise de Mexico, Margueritte, en récompense de ses brillants services et sur la proposition du général Forey, fut nommé colonel du 3e chasseurs d'Afrique.

En cette qualité, il mérita deux fois encore, avant de quitter le Mexique, d'être cité à l'ordre du jour.

Dans la dixième citation, il est dit : « Margueritte, colonel du 2e régiment de marche, donne dans toutes les occasions de nouvelles preuves de son intelligence militaire et de sa bravoure. »

Dans la onzième, il est dit : « M. le colonel Margueritte a mené sa cavalerie avec son coup d'œil et son entrain habituels... »

Au commencement de l'année 1864, Margueritte demanda un congé de convalescence pour revenir en France se remettre de ses fatigues. Il quitta le Mexique au mois de mai et vint se reposer avec sa femme et son fils Victor à Vichy.

C'est de Vichy qu'il partit en Algérie, pour combattre l'insurrection de 1864 à 1865. Après cette campagne, il demanda d'être nommé colonel du 1er chasseurs d'Afrique. en garnison à Blidah, où il resta jusqu'à sa nomination de général de brigade qui eut lieu le 1er décembre 1867. C'est comme général de brigade, qu'il quitta l'Afrique le 27 juillet 1870, pour se rendre à Lunéville, lieu de concentration désigné à sa division avant de marcher à la frontière contre les Prussiens.

Tristes prévisions. — Dès le début des opérations. le général Margueritte fut vivement préoccupé et douloureusement inquiet sur l'issue de la guerre. En prenant le commandement de la 1re brigade de la division de chasseurs d'Afrique. il dit à ses hommes : « Je ne pouvais mieux désirer que d'avoir sous mes ordres mes compagnons de la guerre d'Afrique et du Mexique pour cette campagne de Prusse, qui doit marquer parmi les plus grandes de notre époque. »

Néanmoins, il ne désespère pas :

« L'ennemi que nous allons combattre, ajoute-t-il. se dit vaillant et entreprenant ; prenons-le au mot, croyons-le sur parole ; c'est le meilleur moyen de ne pas être étonné de ce qu'il pourra faire, et de pouvoir le combattre avec succès et d'un cœur ferme. Nous pourrons lui montrer que nous sommes les fils

de nos pères, que nos drapeaux portent
encore les noms des victoires d'Iéna, aux-
quels, Dieu aidant, nous espérons en ajouter
d'autres. »

Après la défaite de Wissembourg. la tris-
tesse commença à l'envahir : « La nouvelle de
l'échec de la division Douay, dit-il, a fait
une grande impression. Le mauvais côté de
notre caractère, et principalement du Parisien,
c'est d'être un feu de paille. Espérons que
nous n'aurons pas longtemps cette impression,
et qu'elle sera remplacée par l'annonce d'une
victoire. » Hélas ! cette annonce, si désirée.
ne vint pas, et l'impression mauvaise ne fit
qu'empirer.

Après Reischoffen, il écrit : « Hier soir, nous
n'avons pas reçu de bonnes nouvelles du corps
du maréchal de Mac-Mahon, qui a été obligé
de battre en retraite et a beaucoup souffert. Je
désire qu'il puisse reprendre une vigoureuse
offensive ; cela est nécessaire. Dieu veuille que
nos corps d'armée, trop disséminés, se grou-
pent assez à temps. C'est à présent qu'il faut
mettre en pratique nos résolutions d'être
calmes et patients. Il est évident que nos
communications vont être fort difficiles. »

En se retirant sur Saint-Mihiel et après avoir
traversé la Lorraine, il dit : « Cette pauvre ville

de Nancy est bien en émoi ; il en est de même de toutes les villes et villages que nous traversons. Les gens sont inquiets et craignent l'invasion prussienne. A Lunéville, toute la population est venue nous accompagner, avec les démonstrations les plus sympathiques. Que de choses on éprouve, dans ces moments de grande crise ! »

A Metz, où il voit le désarroi des chefs de corps, il écrit: « Notre première vue sur la manière dont les choses ont été menées jusqu'à ce jour, n'est pas des meilleures et des plus satisfaisantes. C'est seulement hier, qu'on s'est avisé d'armer les forts qui dominent Metz. Dieu veuille que tout cela ne nous coûte pas trop cher ! Que d'impéritie et quelle illusion fâcheuse nous avons conservée de l'idée que nous étions la première armée du monde ! Oui, pour le courage ; mais pour l'instruction militaire, et surtout pour la préparation, non. Enfin, il n'y a pas à récriminer ; il faut agir, et redonner la confiance à bien des gens qui la perdent. »

Combat de Pont-à-Mousson. — Une des choses les plus insupportables pour le général Margueritte, c'était de rester inactif, et de se laisser chasser et poursuivre par l'ennemi. Il avait honte de sa fuite. Il brûlait de chercher à

voir clair dans la marche des Prussiens. Le 12
août, ce besoin d'action fut enfin satisfait. Il
reçut l'ordre de partir d'urgence avec sa brigade pour Pont-à-Mousson, où l'on signalait la
présence d'une force de cavalerie allemande,
envoyée là pour détruire le chemin de fer et
le télégraphe.

Surpris par la brusque apparition des chasseurs d'Afrique qui entourent l'auberge qu'ils
avaient envahie, les cavaliers prussiens cher-
chent à se frayer un passage. A ce moment,
le général, en tête de ses soldats, qu'il en-
traîne par son exemple, se voit obligé de mettre
le sabre à la main, pour parer un coup que
lui porte à la tête un officier allemand. Son
officier d'ordonnance, M. Révérony, lieutenant
au 1er chasseurs d'Afrique, est assez heureux
pour tuer d'un coup de revolver l'officier
ennemi, ainsi que deux autres cavaliers qui se
précipitent en furieux sur le général, dont le
képi seul est atteint. Les hussards et les dra-
gons allemands, voyant l'inutilité de leurs
efforts, se rendirent à discrétion, au nombre
de quarante hommes et quatre officiers, qui
furent dirigés sur Metz.

Le soir de ce jour, nous eûmes la joie de
contempler le général Margueritte encoura-
geant ses soldats au travail de réparation

du chemin de fer et du télégraphe, à la gare de Pont-à-Mousson. Son visage, quoiqu'empreint d'inquiétude, s'épanouissait de bonheur. Il avait enfin commandé ses braves chasseurs, qui étaient sortis de leur inactivité, pour se montrer ce qu'ils avaient toujours été, intrépides et d'une agilité surprenante. Ce soir-là, à Pont-à-Mousson, on se crut à jamais délivré des Prussiens. qui n'oseraient plus, pensait-on. s'exposer à une pareille chasse. Hélas ! le lendemain, au lieu de quarante hommes, c'était vingt mille qui envahissaient la petite ville et l'épouvantaient par leurs menaces de mort.

A deux heures du matin, le général Margueritte avait été rappelé au Ban-Saint-Martin, près de Metz, d'où il devait accompagner l'empereur Napoléon, qui abandonnait l'armée au maréchal Bazaine pour se retirer vers Paris. Dès lors, le général Margueritte perdit tout espoir de succès. Il disait alors les larmes aux yeux : « *Je ne sais ce que l'on veut faire, mais je n'espère rien. Il n'y a, parmi ceux qui nous commandent, personne qui puisse nous tirer d'affaire.* »

Après avoir heureusement accompagné l'Empereur jusqu'à Verdun, ce qui lui valut le grade de général de division, le général Margueritte fut chargé de faciliter la réunion de l'armée de Mac-Mahon, venant du camp de Châlons, avec celle du maréchal Bazaine, qui s'était retirée sous les murs de Metz. Cette réunion fut rendue impossible par le désastre de Sedan, où les Prussiens enfermèrent toute l'armée avec l'empereur Napoléon lui-même, après les sanglantes batailles dont notre héros fut une des premières et principales victimes.

IV

DERNIÈRE BATAILLE

Nous ne pouvons mieux raconter cette dernière bataille à laquelle assista le général Margueritte, le 1er septembre 1870, qu'en résumant la lettre que M. Révérony, son officier d'ordonnance, écrivit à la malheureuse femme du général, environ un mois après cette catastrophe.

Madame,

« Ainsi que vous m'en avez exprimé le désir, dit cet officier à Mme Margueritte, je vais essayer de vous raconter les circonstances qui ont marqué les derniers jours du général. C'est une pénible tâche pour moi d'écrire ces tristes souvenirs : mais je le fais de grand cœur pour vous, Madame ; je m'estimerai heureux, si ces quelques lignes peuvent apporter un léger adoucissement à votre douleur ; car vous savez combien j'étais dévoué au général.

« La division Margueritte avait campé, la nuit du 31 août au 1er septembre, près d'un petit village appelé *Vaux*, situé à 3 kilomètres environ et au nord de Sedan. Pendant la nuit, nous entendîmes quelques coups de fusil ; au point du jour, la fusillade devint plus vive ; et quelques instants après, les projectiles commençaient à arriver sur notre division. Le général venait de la former en échelons pour charger en avant dans la direction de Givonne, lorsque nous vîmes sortir des bois tout un corps d'armée prussien, qui installa ses batteries et tira sur nous. Le général fit faire demi-tour à sa division et chargea, en tête des 1er et 3e chasseurs d'Afrique, sur l'infanterie qui se trouvait en avant des batteries. Les régiments se reformèrent. »

« Il était environ dix heures du matin ; le général Tillard venait d'être enlevé, ainsi que son aide de camp, par le même obus. Le général Margueritte nous fit faire différents mouvements vers notre gauche, pour nous soustraire autant que possible au feu des batteries qui nous écrasaient en avant et en arrière. Vers deux heures, il fit arrêter la division derrière un mamelon, au sud du village de Floing. Il continua à s'avancer seul dans la direction de l'ennemi, pour choisir un terrain favorable à une charge ; je me trouvais seul à côté de lui, le général n'ayant pas voulu se faire accompagner de son escorte, afin de ne pas l'exposer inutilement aux projectiles de l'ennemi. En arrivant sur la crête d'un léger mouvement de terrain, nous fûmes assaillis par une grêle de balles ; et nous vîmes les Prussiens, s'avançant rapidement, et en groupes serrés, sur la pente au sommet de laquelle nous nous trouvions. »

Blessé à mort. — « Le général arrêta son cheval et le fit tourner à droite, offrant ainsi le côté gauche à l'ennemi. Je me trouvais à sa gauche et tout près de lui, lorsque tout d'un coup je le vis tomber violemment la face contre terre. Je sautai à terre et le pris dans mes bras ; je vis qu'il avait la figure pleine de sang ; il ne pouvait pas parler, mais il ne perdit pas connaissance. Je le mis d'abord à genoux, puis il put se mettre debout. Je le pris par le bras droit et saisis par la main droite les rênes de nos deux chevaux, qui n'avaient pas bougé ; et nous nous mîmes à marcher péniblement de la sorte, assaillis par une grêle de balles tirées presque à bout portant.

« Tout cela se passa en moins de temps qu'il n'en faut pour le raconter. Craignant que la marche ne fatiguât et n'affaiblît encore le général, je lui demandai s'il ne pouvait pas monter à cheval ; il me fit signe que oui. Alors, Jean son domestique, qui nous avait rejoints, et moi, nous le mîmes sur un cheval. Le général put ainsi marcher au pas, soutenu par nous. Nous étions toujours sous le feu ennemi. Nous arrivâmes à hauteur de la division, qui était arrêtée. Je n'oublierai jamais le spectacle dont je fus alors le témoin ; dès que l'on eut reconnu le général, la consternation se peignit sur tous les visages. Chacun sentait ce qu'il perdrait en perdant son chef bien-aimé. Tous les fronts s'inclinèrent, les sabres se baissèrent respectueusement, et un seul cri formidable s'échappa de toutes les poitrines : *Vive le général ! Vengeons-le !* Ah ! qu'il était beau, Madame, de voir cet enthousiasme sous le feu de l'ennemi ! Le général fit un geste de remerciement avec la tête. Il eut encore la force d'indiquer la direction de l'ennemi avec le bras gauche, et de crier : *En avant !* Les régiments

firent une nouvelle charge, qui fut meurtrière ;
et ces mots : *Vive le général, vengeons-le !*
furent les derniers que prononcèrent beaucoup
de ces intrépides officiers et de ces vaillants
soldats. »

Le général Margueritte. ainsi blessé, fut
d'abord conduit à Sedan, où il fut accueilli par
l'empereur lui-même, qui lui donna une des
chambres de la sous-préfecture où il logeait et
ses médecins pour le soigner. Quand il fut
pansé, l'empereur vint voir le général ; il lui
serra la main en disant qu'il était bien affligé
de le voir blessé, mais qu'il espérait que sa
blessure serait sans gravité. Le général, qui
ne pouvait articuler une syllabe, écrivit au
crayon sur une feuille de papier qu'on lui
présenta : *Sire, je vous remercie; moi, ce
n'est rien ; mais que va devenir l'armée ? que
va devenir la France ?* L'empereur se con-
tenta de lever les mains au ciel et partit.

La blessure du général, sans en avoir l'ap-
parence, était mortelle. La balle avait pénétré
par la joue gauche et était ressortie par la joue
droite, ayant une direction un peu oblique de
bas en haut ; aussi la plaie de la joue gauche
était-elle plus large que celle de la joue droite.
La balle avait atteint le palais, déraciné quelques grosses dents et coupé une partie de la

langue. Les premières nuits du général blessé furent calmes, parce qu'il était très affaibli. Mais quand la ville de Sedan fut vide de Français et envahie par les Prussiens, il ne voulut pas y rester ; et jusqu'à ce qu'il fût sorti, son agitation augmenta considérablement, ainsi que l'inflammation de sa blessure. A force de démarches, les officiers qui le soignaient obtinrent de le transporter au château de Beauraing, en Belgique, où il rendit le dernier soupir le dix septembre.

Douce et belle mort. — « Ce jour-là, dit M. Révérony, à midi moins quelques minutes, j'étais sorti un instant dans la pièce à côté de la chambre du général, qui avait été très faible toute la matinée. A peine l'avais-je quitté, qu'on vint me dire qu'on trouvait qu'il s'affaiblissait beaucoup. Je courus près de lui, il avait les yeux fermés. Je lui pris les mains ; et, sans ouvrir les yeux, il me dit : *Qui est-ce ?* Je lui répondis : *C'est moi, Révérony.* Alors il me dit : *Ah! c'est bien,* et il me serra en même temps la main avec force.

« Ah ! Madame, je n'oublierai jamais ce serrement de main ; il m'a prouvé que le général savait bien que je lui étais tout dévoué.

C'est un souvenir que je conserverai bien précieusement.

« Je fis appeler les médecins, qui avouèrent que le danger était imminent. Vers deux heures, le général ouvrit les yeux, me regarda et, avec ses deux mains, me fit un signe voulant dire qu'il s'affaiblissait de plus en plus, et en même temps, il articula ces mots : *Ma femme ! Mes enfants !...*

« Je ne pus me retenir et je fondis en larmes ; car je sentais tout ce qu'il y avait de déchirant dans ce dernier adieu à ceux qu'il aimait.

« Quelques instants après, le curé de Beauraing, assisté du chapelain du château, administra les derniers sacrements au général, qui répondit par signe et avec grand calme aux questions posées par le prêtre. Quand celui-ci lui dit : *Priez pour la France, priez pour votre femme et vos enfants*, le général me serra la main, fit un geste affirmatif avec la tête, et eut encore la force de prononcer le mot : *Oui*. Il allait en s'affaiblissant toujours ; sa respiration devint haletante. Enfin, à quatre heures et demie, sans effort aucun, sans souffrances, le général rendit le dernier soupir. Il avait alors la main droite dans la mienne, et la tête appuyée sur ma poitrine et mon bras droit. Je lui baisai respectueusement le front, en pensant à tous ceux qui lui étaient chers ; puis, aidé de Jean, je le plaçai sur un lit, la tête soutenue par des oreillers, et un crucifix entre les mains. »

« Bientôt sa figure devint sereine. La mort avait fait disparaître peu à peu l'enflammation causée par la blessure. Sa physionomie redevint douce et souriante. Le général avait l'air de dormir. Je lui attachai au cou une petite médaille que j'avais, et je pris son alliance. On enleva tous les meubles, et on apporta un Christ et des flambeaux. Pendant la dernière nuit que je passai dans sa chambre mortuaire, je ne pouvais détacher mes yeux de sa figure si calme ! Je ne pouvais croire à la triste réalité ! Que de fois je l'embrassai respectueusement ! »

Le lendemain, 7 septembre, les funérailles les plus touchantes et les plus honorables furent faites au général Margueritte, dont le corps fut déposé au cimetière de Beauraing, avec une petite croix qui portait cette inscription : *Ci-gît le général de division Margueritte, blessé devant Sedan le 1er septembre, décédé à Beauraing le 6 septembre 1870. — Priez pour lui !* Depuis, la dépouille mortelle du général a été transportée près de sa femme et de ses enfants, dans le cimetière de Mustapha, sur cette terre d'Afrique, à la conquête de laquelle il a si puissamment contribué, et dont les populations conservent à sa mémoire un reconnaissant souvenir.

V

Quand le général Montécuculli apprit la mort tragique de Turenne, il prononça ce bel éloge de son adversaire : « C'était un homme qui honorait l'homme. » Comme s'il avait dit que Turenne glorifiait l'humanité et la France par ses talents et ses vertus. Ne pourrions-nous pas appliquer cette belle parole au général Margueritte ? Et qui oserait nous démentir si nous disions que lui aussi honorait l'humanité par ses vertus, comme il était la gloire de l'armée française par ses talents et son génie militaire ? Disons donc, par manière de con-clusion, et en quelques mots seulement, ce que fut Jean-Auguste Margueritte comme fils pour ses parents, comme mari et père pour sa femme et ses enfants, ce qu'il fut aussi comme travailleur et comme chrétien.

Après cela, nous ne serons plus étonnés de la gloire qui l'environne, ni des sympathies si vives qu'il a provoquées dans tous les rangs de la société.

Margueritte a été, pour ses parents humbles et pauvres, un fils dévoué et plein d'affection. S'il les a quittés à l'âge de quinze ans, c'est pour ne plus être à leur charge, nous dit le général Philebert, un ami intime de Margueritte, qui nous a fourni, dans le beau livre qu'il vient de publier sur lui, tous les détails et souvent les termes dont nous avons composé ce petit travail.

Margueritte, nous dit son ami, avait pour sa mère une affection très grande. A l'encontre de bien des gens partis des rangs inférieurs de la société, et qui cachent avec soin leur origine en évitant de se produire avec leurs parents. il aimait à se promener en public avec sa mère, qui avait conservé jusque dans sa vieillesse le costume de sa jeunesse, son bonnet et ses robes de bure.

La bonne femme se défendait souvent des attentions de son fils, et n'aimait point à se pro-

duire ; mais il lui fallait céder, car il était visible
qu'il aimait à la flatter ainsi et à la faire jouir
de son fils, dont naturellement elle était très
fière.

Un mot que prononça le général Margueritte à la fin de sa vie, sur son lit de mort, nous
montre, mieux que tout, la vive tendresse dont
il a toujours été animé pour son père. Dans les
dernières lignes qu'il a écrites à sa femme, le
général, après lui avoir dit combien il allait
être heureux de la voir près de lui, au château
de Beauraing, pour le soigner, ajoute cette
phrase : *Et papa, quel parti prend-il dans
cette occurrence ?* N'est-ce pas là le langage le
plus tendre et le plus affectueux d'un enfant
pour son père ? Ce seul mot de *papa,* dans la
bouche de l'illustre général, ne révèle-t-il pas
tout ce que son cœur renfermait de sentiments
d'amour pour son père ?

Bon fils, Margueritte fut mari excellent et
père dévoué. C'est surtout dans sa correspondance avec sa femme, pendant qu'il était au
Mexique et lorsqu'il fit la campagne de 1870,
que nous trouvons l'expression sincère de tous
ses sentiments de mari et de père.

Quand la guerre du Mexique éclata, Margueritte, avons-nous dit, était marié depuis deux
ans et avait un fils, nommé Paul. Embarqué

à Toulon, le 22 août, il débarquait au Mexique le 10 octobre.

Ce jour-là même, il écrivait à sa femme : « Le 10, au moment où nous allions apercevoir les côtes du Mexique, nous avons été assaillis par un ouragan, que l'on désigne dans ce pays, du nom de *coup de vent du Nord*. Pendant trente-six heures, nous avons été en péril. Une tempête extraordinaire, nous a, pendant trente-six mortelles heures, fait courir toutes les mauvaises chances des accidents de mer. Nous attendions à chaque minute une fin tragique. Vous dire, ma chère femme, ce que j'ai souffert alors, n'est pas possible. Certes, j'ai affronté la mort quelquefois : mais jamais elle ne m'a semblé si cruelle. L'idée que je pouvais ne plus vous revoir avec notre cher petit Paul, était si navrante, que je ne crois pas qu'il soit possible d'être soumis à une torture morale plus grande que celle que j'ai ressentie. Pauvres chers bien-aimés, comme vous m'avez rendu puissant l'amour de la vie et le désir de vous revoir ! »

Un jour, qu'attendant une lettre de sa femme, il n'en n'avait pas reçu, il dit : « J'étais bien triste en voyant les autres lire des lettres de leurs femmes ou de leurs enfants. »

Le 30 novembre 1863, il écrivait : « Toute

cette nuit, j'ai rêvé de Paul et de vous. J'aime ces nuits-là, et je voudrais les voir durer. Vous êtes sans doute au coin de votre feu à l'heure présente, et Paul apprend sa leçon près de vous. Si seulement je pouvais vous surprendre ainsi ! C'est un de mes rêves favoris. » Ne croirait-on pas lire les lettres charmantes du comte de Maistre à sa fille Constance ?

« Oh ! quitter enfin cet abominable pays, pour vous retrouver tous, répétait-il souvent, mes chers bien-aimés ! »

En partant pour la guerre de 1870, c'est-à-dire en allant à sa mort, il écrivit : « En quittant Lunéville, bien émotionné moi-même des sentiments de ces pauvres gens, j'ai vu à une croisée, un petit garçon de l'âge de Victor (son second fils), et un peu de sa ressemblance, qui était tenu par son frère plus âgé. Vous pensez quels souvenirs m'allèrent au cœur ! »

Après avoir montré le bon père, l'excellent mari, le tendre fils, contemplons maintenant l'homme religieux. Nous avons déjà assisté à sa mort, si calme et si sainte; nous l'avons vu à ce moment suprême, alors que tout homme est inévitablement sincère, rappeler ce qui lui restait de forces pour dire au prêtre : « *Oui, je prie pour la France, je prie pour ma femme et pour mes enfants* » Cette religion de son dernier moment avait été celle de toute sa vie.

Elle s'épanouit dans sa correspondance et se manifeste dans toute sa conduite.

Disons d'abord, qu'en Algérie, le général eut toujours soin de favoriser le sentiment religieux, celui des Arabes et celui des catholiques, en aidant à bâtir des églises ou des mosquées.

Le 8 mai 1863, jour de l'ouverture du feu contre Puébla, il écrivait à sa femme ? « Hier je me suis recommandé à vos prières et à celles de Paul. C'était hier, à 5 heures du matin, que le feu a commencé. J'étais triste, c'est le jour anniversaire de la mort de ma sœur, que j'aimais bien. Je l'ai invoquée aussi, avec ma mère. Dieu merci ! je suis toujours en bonne santé. »

Le 22 novembre, après avoir un peu raconté ses souffrances, il ajoutait : « Mais pourquoi vous parler de toutes ces petites misères ? J'en suis presque honteux, en regardant un christ en bois qui se trouve dans notre Cuartel. »

Le 26 décembre, il disait : « J'ai été hier à la messe de Noël prier pour vous tous ; vous n'y aurez pas manqué, de votre côté. Espérons que Dieu nous réunira bientôt, dans cette bonne France, que tous nous désirons tant revoir. »

Au commencement de la guerre de 1870, après les premiers échecs, il s'encourageait, en écrivant : « Enfin, Dieu nous aide, et rien n'est désespéré. » Hélas ! ce ne fut pas pour longtemps.

Plus tard, quand il commençait à désespérer, il écrivait : « Jamais plus grande épreuve n'a été donnée à la France ! Elevons nos âmes ; et Dieu veuille nous tenir compte des efforts que nous ferons pour supporter courageusement cette situation, et qu'il nous prenne en considération ! »

Le 29 août, il disait : « J'ai été initié au plan de campagne que nous exécutons à présent. Prions Dieu qu'il réussisse. »

En écrivant à sa femme, après sa blessure de Sedan, il disait, ne la croyant pas si grave : « Dieu m'a préservé, c'est bien évident... Dieu aidant, tout ira bien... J'ai été blessé d'une balle qui me traverse les deux joues. Mais, en réalité, je puis remercier Dieu de cette blessure, qui n'a absolument rien de grave... Me voici en Belgique, et Dieu en soit béni ! Il me semble que ma guérison va marcher rapidement. »

Enfin, deux jours avant de mourir, il dit à

un de ses officiers. qui était venu lui apporter le tribut de sa sympathie : « *Ne vous abandonnez pas au désespoir ; prenez soin de vos hommes, ils le méritent, Dieu nous envoie cette épreuve. pour nous mieux tremper encore : c'est dans les circonstances actuelles, que se montrent les gens de cœur* » Sans y penser, notre cher général faisait ainsi de lui le plus bel éloge qui puisse en être fait.

C'est, en effet, parce qu'il avait été toute sa vie un homme de cœur qu'il mourait, lui, pauvre petit enfant de troupe, avec l'auréole de général de division et avec la croix de commandeur de la Légion d'honneur. C'est parce qu'il avait été un homme de cœur, que sans avoir reçu l'instruction des écoles, il était parvenu, à force de travail et de luttes, à se donner à lui-même une éducation et une instruction si supérieure, qu'il pouvait, dans toutes les conversations. sur toutes les questions possibles de physique, de botanique, de topographie, de fortification, de littérature. d'histoire, tenir bravement sa place et rivaliser avec les plus savants.

Admirable spectacle ! bien fait pour donner à tous, un courage invincible dans la pratique du bien et le service de la patrie.

Nancy, imprimerie Saint-Epvre.

97